L'UNIVERS

PAS

BÊTE

pour les 9 à 109 ans

À Georges Lemaître, astronome et physicien belge

Pascal Lemaître

© Bayard Éditions, 2018
18 rue Barbès, 92128 Montrouge cedex
ISBN : 978-2-7470-8606-6
Dépôt légal : mai 2018
Loi n° 49-956 du 16 juillet 1949
sur les publications destinées à la jeunesse.
Reproduction, même partielle, interdite.
Imprimé en Slovénie par GPS.

TEXTES : BERTRAND FICHOU
ILLUSTRATIONS : PASCAL LEMAÎTRE

L'UNIVERS

PAS BÊTE

pour les 9 à 109 ans

Le big bang,
qu'est-ce
que c'est ?

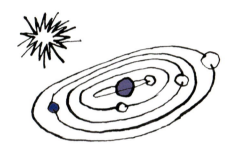

Comment
naissent
les étoiles ?

bayard jeunesse

QU'EST-CE QUE ÇA VEUT DIRE, E = MC² ?

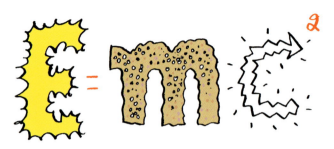

QU'EST-CE QUI SE PASSE DANS LA STATION SPATIALE INTERNATIONALE ?

QUI A FAIT LE PREMIER VOL DANS L'ESPACE ?

POURQUOI LES PLANÈTES SONT-ELLES RONDES ?

POURQUOI Y A-T-IL QUELQUE CHOSE PLUTÔT QUE RIEN ?

Sacré Leibniz! Une question comme ça vous fait toute une vie...
Depuis des siècles, les astronomes et les physiciens essayent de découvrir la vraie nature du monde, de remonter son histoire jusqu'au plus près du début, et s'ils n'ont toujours pas répondu à la question du « pourquoi », ils en savent de plus en plus sur le « comment ».

Ce livre veut répondre à quelques-unes des questions que nous nous posons tous, enfants et adultes, sur l'origine des étoiles, la formation des planètes, la vitesse astronomique de la lumière ou l'obscurité totale des trous noirs. Qui ne sont pas des trous, d'ailleurs, vous le saviez ?

Avec des mots simples, et les dessins jubilatoires de Pascal Lemaître, nous avons essayé de lever le voile sur la réalité, souvent incroyable, de notre Univers. Par petites touches digestes. Prêt pour ce voyage intersidéral ? Accrochez votre ceinture. Bien serrée...

Bertrand Fichou
Images Doc

SOMMAIRE

LE PETIT LEXIQUE DES ÉTOILES

L'Univers, c'est l'ensemble de tout ce qui existe!

Tout un programme!

ANNÉE-LUMIÈRE

Une année-lumière est la distance que parcourt la lumière en un an dans le vide de l'espace, soit 9 460 milliards de kilomètres.

APESANTEUR (OU IMPESANTEUR)

On est en apesanteur quand on ne sent aucune accélération. Par exemple, dans la Station spatiale internationale, les astronautes tournent autour de la Terre toujours à la même vitesse, et à la même vitesse que la station. Alors ils ne ressentent aucune accélération et ils ont l'impression de flotter dans la station.

ASTÉROÏDE

Un astéroïde est un bloc de roche, de métal et de glace qui voyage dans l'espace.

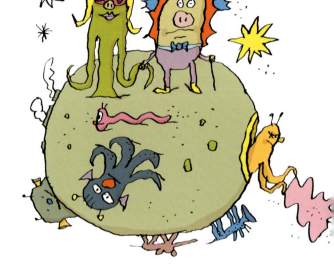

ASTRE

Un astre est un objet céleste naturel, comme une étoile, une planète ou une comète.

ASTROLOGUE

Un astrologue est quelqu'un qui étudie les astres car il croit que leur position dans le ciel influence le caractère et le destin des humains.

ASTRONOME

Un astronome est un scientifique qui observe les astres avec différentes sortes de télescopes.

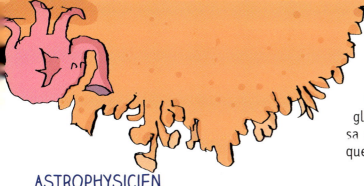

ASTROPHYSICIEN

Un astrophysicien est un scientifique qui essaye d'expliquer le fonctionnement de l'Univers et de découvrir les lois physiques qui le font exister.

ATMOSPHÈRE

L'atmosphère est la couche de gaz qui entoure une planète ou une étoile. La Terre a une atmosphère constituée d'un mélange d'oxygène et d'azote qu'on appelle l'air.

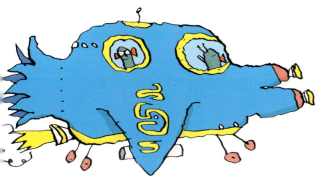

ATOME

Les atomes sont les briques élémentaires avec lesquelles est faite la matière, qu'elle soit solide, liquide ou gazeuse. Les atomes peuvent se combiner entre eux pour former des matières différentes.

BIG BANG

C'est le nom qu'on donne au moment où notre Univers est apparu.

COMÈTE

Une comète est un bloc de roches et de glace qui tourne autour du Soleil. En fondant, sa glace forme une traînée qu'on appelle la queue de la comète.

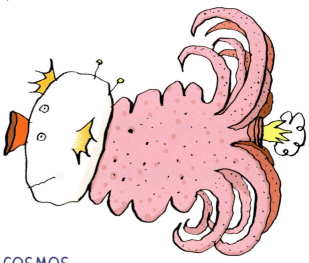

COSMOS

C'est l'autre nom de l'Univers.

DENSITÉ/DENSE

La densité est la mesure de la quantité de matière d'un objet par rapport à sa taille. Sur Terre, un objet plus dense que l'eau coule, un objet moins dense que l'eau flotte.

ÉNERGIE

L'énergie est le nom du plus grand mystère de l'Univers. C'est la force qui fait exister le monde, qui fait tourner les étoiles et les planètes, c'est aussi la force qui te fait tenir debout ou lancer un ballon... On peut mesurer l'énergie, mais on ne sait pas ce qu'elle est vraiment!

ESPACE

C'est la partie de l'Univers qui est à l'extérieur de notre atmosphère.

ESPACE-TEMPS

L'espace-temps est une façon de représenter l'Univers, inventée par Albert Einstein. Pour lui, l'espace et le temps ne peuvent exister l'un sans l'autre.

ÉTOILE

Une étoile est une boule de gaz qui dégage de la lumière et de la chaleur.

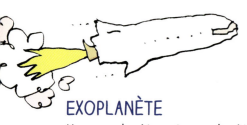

EXOPLANÈTE

Une exoplanète est une planète qui se trouve en dehors de notre système solaire.

GALAXIE

Une galaxie est un groupe d'étoiles.

GRAVITATION

Pour Isaac Newton, la gravitation est la force qui tend à attirer deux objets l'un vers l'autre. C'est elle qui t'attire vers le centre de la Terre. Pour Albert Einstein, les objets sont attirés les uns vers les autres parce qu'ils déforment l'espace-temps. La gravitation est le nom de cette attirance.

MATIÈRE

La matière, c'est tout ce qu'on peut toucher, tout ce qui prend de la place. La masse est la mesure de la quantité de matière.

MÉTÉORE

Un météore est un objet pas plus gros qu'un grain de sable qui arrive de l'espace, entre dans l'atmosphère et disparaît en brûlant, ce qui produit une traînée lumineuse qu'on appelle une étoile filante.

MÉTÉORITE

Une météorite est un caillou tombé de l'espace qui atteint le sol de notre planète.

MOLÉCULE

Une molécule est un groupe d'atomes.

NÉBULEUSE

Une nébuleuse est un nuage de gaz immense qui se déplace dans l'espace.

ORBITE

L'orbite est le chemin que suit un objet en tournant autour d'une planète ou d'une étoile. La Lune tourne en orbite autour de la Terre.

PARTICULE

Une particule est un objet plus petit qu'un atome. Il en existe plein de sortes. Certaines particules forment les atomes, d'autres constituent la lumière...

PLANÈTE

Une planète est une boule de gaz, de roche ou d'eau, qui tourne autour d'une étoile.

RELATIVITÉ GÉNÉRALE

La relativité générale est le nom de la grande théorie élaborée par Albert Einstein pour expliquer le fonctionnement de l'Univers. Einstein décrit l'Univers comme un espace-temps, où l'espace et le temps sont liés. Cette théorie dit que la présence de matière déforme l'espace et ralentit l'écoulement du temps. Et que rien ne va plus vite que la lumière.

SATELLITE

Un satellite est un objet qui tourne autour d'un autre. La Terre est un satellite naturel du Soleil, la Station spatiale internationale est un satellite artificiel de la Terre.

SUPERNOVA

Une supernova est une étoile qui meurt dans une gigantesque explosion très lumineuse.

UNITÉ ASTRONOMIQUE

L'unité astronomique est une unité utilisée pour mesurer les distances dans le système solaire. Une unité astronomique vaut 150 millions de kilomètres, soit la distance moyenne qui sépare la Terre du Soleil.

VOIE LACTÉE

La Voie lactée est le nom de notre Galaxie.

C'EST QUOI, L'UNIVERS ?

En voilà une question toute simple !

Moi, je me méfie des questions toutes simples...

L'UNIVERS, C'EST TOUT !

L'Univers, c'est tout ce qui existe : la Terre, notre Soleil, les planètes qui tournent autour, les étoiles et l'espace qui les sépare. Mais l'Univers, c'est aussi le temps qui s'écoule pendant que tu lis ces lignes, sans oublier l'énergie mystérieuse qui fait que tout cela, bouge, brille, vit et meurt...

L'UNIVERS A UN HORIZON !

Personne ne connaît la forme de l'Univers, car quand les astronomes regardent le ciel, ils ne peuvent pas voir plus loin qu'une certaine distance qu'on appelle l'horizon, à environ 45 milliards d'années-lumière de nous. Ça fait loin, très loin ! Tout ce qui se trouve à l'intérieur de l'horizon s'appelle l'Univers observable.

L'UNIVERS GRANDIT

L'Univers gonfle, il s'élargit, et les étoiles s'éloignent les unes des autres comme les raisins dans un gâteau en train de cuire. On dit que l'Univers est en expansion.

QU'EST-CE QU'IL Y A AU BOUT DE L'UNIVERS ?

Personne ne le sait ! Certains astronomes pensent que l'Univers est infini, d'autres qu'il est fini mais qu'il n'a pas de bord (comme la surface d'un ballon : une fourmi peut marcher dessus toute sa vie sans jamais atteindre de bord...).

LE *BIG BANG*, QU'EST-CE QUE C'EST?

C'est une façon de décrire le début de notre Univers. Ça veut dire : le grand boum!

Les expériences et les calculs des scientifiques racontent tous la même histoire. Tu vas voir, elle est incroyable!

là !

AU DÉBUT, UN UNIVERS MINUSCULE !

Il y a 13,7 milliards d'années (ça fait un sacré bout de temps!), l'Univers formait une sorte de soupe brûlante dans laquelle étaient la matière et l'énergie du monde étaient mélangées. Mais surtout, l'Univers était minuscule, beaucoup plus petit que le plus petit grain de poussière que tes yeux sont capables de voir!

COMME UNE EXPLOSION, OU PRESQUE

Brutalement, on ne sait pas pourquoi, cette « soupe » s'est mise à enfler, à gonfler à une vitesse inimaginable. On décrit souvent ce moment comme une explosion gigantesque : c'est cela qu'on appelle le *big bang*. Mais une explosion explose « quelque part ». Or, quand l'Univers s'est mis à grandir, il n'a explosé nulle part : rien d'autre n'existait autour de lui, rien d'autre n'existait QUE LUI! Aucun endroit ne se trouvait en dehors de l'Univers. Même pas du vide ou du noir. RIEN!

L'UNIVERS A CRÉÉ L'ESPACE... ET LE TEMPS !

C'est très difficile à imaginer : l'Univers n'est pas né dans un espace vide, c'est lui qui a créé l'espace et qui l'a rempli. Et il y a encore plus étrange : en naissant, l'Univers a aussi créé... le temps. Car avant le *big bang*, il n'y avait ni passé, ni présent, ni futur !

Si le temps n'existait pas avant le big bang, alors « avant le big bang » ça ne veut rien dire ?

Euh... Toi, tu cherches à m'embrouiller !

BIG BANG !

L'UNIVERS EST EN EXPANSION !

Les galaxies sont des groupes d'étoiles. Elles s'éloignent les unes des autres. Et plus elles sont loin, plus vite elles s'éloignent. L'Univers grandit, on dit qu'il est en expansion, comme un ballon de baudruche que tu gonfles. Si l'Univers est en expansion, ça veut dire qu'avant il était plus petit. Et même minuscule !

Le sais-tu ?
L'expression *big bang* a été inventée dans les années 1950 par l'astronome anglais Fred Hoyle : il voulait se moquer de ses collègues qui disaient que l'Univers était en expansion. Lui croyait que l'Univers ne grandissait pas, qu'il était « stationnaire ».

ET TOP CHRONO !
C'EST PARTI, MON KIKI !
LE TEMPS EST NÉ !

COMMENT NAISSENT LES ÉTOILES ?

C'est à cause de la gravitation...

Je dirais plutôt que c'est GRÂCE à elle!

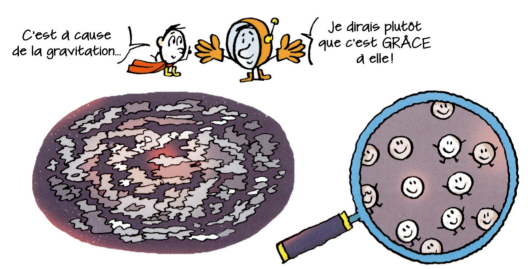

❶ UNE NÉBULEUSE DÉRIVE DANS L'ESPACE

Une nébuleuse, c'est un immense nuage de gaz et de poussières. Il y en a un peu partout dans l'Univers.

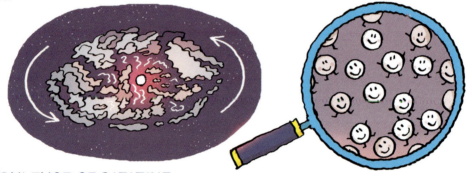

❷ LA NÉBULEUSE SE RATATINE

Les atomes qui constituent les gaz et les poussières s'attirent sous l'effet d'une force qu'on appelle la gravitation.

Peu à peu, ils s'attirent tellement que la nébuleuse se resserre, on dit qu'elle s'effondre sur elle-même.

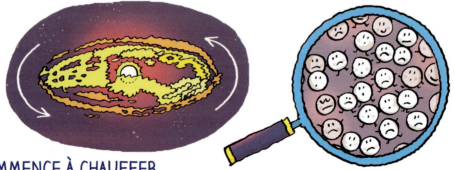

❸ ÇA COMMENCE À CHAUFFER

Plus les atomes de gaz se serrent les uns contre les autres et plus ils se bousculent. On dit que la pression augmente. Et plus la pression augmente, plus cela crée de la chaleur. C'est

la même chose qui se passe dans une pompe à vélo : plus tu comprimes l'air, plus la pompe chauffe entre tes mains.

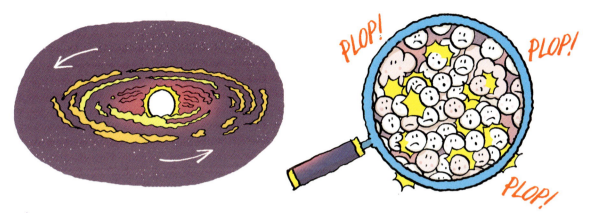

④ L'ÉTOILE S'ALLUME !

Dans la nébuleuse, la chaleur et la pression forcent les atomes à se coller les uns aux autres et à former des atomes plus gros : on dit que les atomes fusionnent. Cette fusion produit de l'énergie, qui s'échappe sous forme de lumière et de chaleur : l'étoile se met à briller. L'énergie dégagée empêche aussi l'étoile de se ratatiner.

⑤ AUTOUR DE L'ÉTOILE, DES PLANÈTES SE FORMENT

Pendant que la nébuleuse s'effondre sur elle-même, elle tourne et s'aplatit comme une assiette. Il y a plus de gaz et de poussières à certains endroits qu'à d'autres : au centre, ils se regroupent et forment une étoile. Sur les bords, ils forment des planètes qui tourneront autour de l'étoile.

Nébuleuse de l'œuf pourri

Le sais-tu ?

Les astronomes donnent de drôles de noms aux nébuleuses. Voici les plus jolies, tu peux les voir en photo sur internet : les nébuleuses du Crabe, du Papillon, de l'Aigle, de l'Œil de chat, et même celle... de l'Œuf pourri !

POURQUOI LA LUNE TOURNE-T-ELLE AUTOUR DE LA TERRE ?

Pour être plus juste, on devrait dire : pourquoi la Lune TOMBE-T-ELLE autour de la Terre ?

Ah bon ?! Qu'est-ce que tu veux dire ?

IMAGINE QUE TU ES TRÈS TRÈS FORT...

1 Lance un caillou. Il s'élève. Mais, à cause de la force de gravitation, il est attiré par la Terre et il retombe sur le sol.

2 Lance ton caillou plus fort. Il va s'élever plus que la première fois, il va aller plus loin, mais il finira quand même par retomber sur le sol.

3 Si tu as la force d'un superhéros et que tu lances ton caillou vraiment très vite, il va s'élever encore plus haut, partir encore plus loin, et il finira par retomber. Mais...

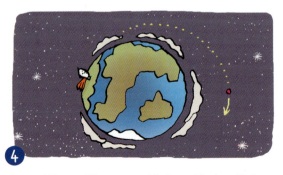

4 Bravo ! Ton caillou sera si loin qu'il n'en finira pas de retomber vers la Terre, sans jamais l'atteindre ! Il se mettra à tourner autour d'elle : il sera en orbite. Comme la Lune.

22

1

Personne! Un jour, il y a plus de 4 milliards d'années, un gros caillou est arrivé de l'espace et il a heurté un côté de la Terre.

2

Le choc a arraché des blocs de rochers à notre planète et les a jetés dans l'espace. À cause de la gravitation, la Terre a retenu tous ces cailloux, qui se sont mis à tourner autour d'elle.

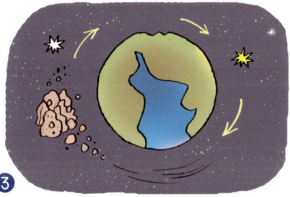

3

Puis ces cailloux se sont entrechoqués, ils se sont collés entre eux, et ils ont fini par former une boule : notre Lune!

Le sais-tu ?

Dans l'espace, un objet qui tourne autour d'un autre s'appelle un satellite. On dit que notre Lune est un satellite naturel de la Terre. Mais depuis le siècle dernier, les humains ont aussi lancé des milliers de satellites artificiels dans l'espace. Ils sont plus de 1400 à tourner autour de notre planète pour transmettre nos conversations téléphoniques, prendre des photos météo, sans parler des satellites militaires qui espionnent les autres pays...

Il prend ma photo!

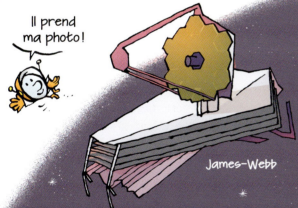

James-Webb

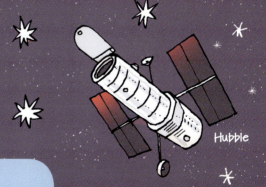

Hubble

Le sais-tu ?

Le satellite le plus célèbre est le télescope spatial **Hubble** qui a été lancé en 1990. Son miroir mesure 2,4 mètres de diamètre. Il doit être remplacé fin 2018 par le télescope spatial James-Webb, dont le miroir mesure 6,5 mètres de diamètre. Il fournira des images encore plus précises de l'Univers.

POURQUOI LES GENS DE L'AUTRE CÔTÉ DE LA TERRE NE TOMBENT-ILS PAS DANS L'ESPACE ?

Les pierres, l'eau, les moineaux... et les humains !

C'est parce que la Terre attire vers son centre tout ce qui se trouve autour d'elle.

LA TERRE NOUS ATTIRE

Comme toi, les Chinois ou les Australiens gardent les pieds sur la Terre parce que celle-ci les attire vers son centre. Notre planète attire aussi le caillou que tu lances en l'air, c'est pour ça qu'il retombe sur le sol. Et pour la même raison, il est fatigant de monter un escalier !

ATTENTION À LA TÊTE !

C'est Isaac Newton qui a énoncé la loi de la gravitation. On raconte qu'il a eu cette idée en voyant tomber une pomme par terre. Certains disent même qu'il l'a reçue sur la tête, mais ça, c'est une légende !

LA GRAVITATION RÈGNE SUR L'UNIVERS

Dans l'Univers, tous les objets s'attirent les uns les autres. La force qui essaye de les rapprocher s'appelle la gravitation. Plus les objets sont gros, plus ils s'attirent. Et plus ils sont près les uns des autres, plus ils s'attirent.

Le sais-tu ?

Tu as l'impression de marcher sur le dessus de la Terre, et tu penses que les Australiens habitent en dessous. Mais pour eux, c'est le contraire ! En fait, la Terre n'a ni haut ni bas. Comme une bille, elle a juste un centre et une surface...

EST-CE QUE LES ÉTOILES FILANTES SONT DE VRAIES ÉTOILES ?

Non. Une étoile filante est un caillou qui brûle en entrant dans l'atmosphère de la Terre.

La plupart de ces cailloux ont la taille d'un grain de sable. On les appelle aussi des météores.

ALORS, ÇA GAZE ?

Notre planète est entourée par son atmosphère. Cette couche d'air est un mélange de gaz. Les gaz sont formés de molécules invisibles qui bougent et s'entrechoquent.

ATTENTION DEVANT !

Quand un météore entre dans l'atmosphère, il arrive très vite, à environ 70 kilomètres par seconde. Il frotte alors tellement fort contre les molécules de gaz qu'il s'échauffe (c'est comme quand tu frottes tes deux mains ensemble : ça les réchauffe). Le météore brûle en émettant de la lumière pendant une petite seconde : il est devenu une « étoile filante ».

APRÈS AVOIR BRÛLÉ, QUE DEVIENT L'ÉTOILE FILANTE ?

Beaucoup de météores brûlent totalement dans le ciel. D'autres finissent par tomber sur la terre, ou dans la mer, on dit alors que ce sont des météorites. Il en tombe entre 40 000 et 100 000 tonnes par an, le poids de 10 tours Eiffel !

70 km/s

Incroyable !

Le 15 février 2013, une pluie de cailloux est tombée sur la ville de Tcheliabinsk, en Russie. C'était les morceaux d'une météorite de 20 mètres de large qui a explosé en entrant dans l'atmosphère. Elle a blessé un millier de personnes !

25

C'est ce que les astronomes voient dans leurs télescopes.

Mais il paraît qu'il y a deux explications différentes...

POUR ISAAC NEWTON

Les planètes et les étoiles s'attirent à cause de la force de gravitation. Newton constate : plus elles sont grosses et plus elles sont proches, plus elles s'attirent. Mais comme les étoiles et les planètes avancent avec une certaine vitesse les unes par rapport aux autres, elles ne tombent pas forcément les unes sur les autres. (Voir *Pourquoi la Lune tourne-t-elle autour de la Terre ?* pages 22-23.)

Tu sais que tu m'attires, toi ?

Peut-être, mais elle m'attire encore plus !

Pour Newton, plus la planète bleue approche de la jaune, plus les deux planètes sont attirées l'une vers l'autre par la force de gravitation.

Emportée par son élan, la planète bleue passe à côté de la planète jaune, mais c'est comme si elles essayaient de s'attraper au passage : la planète bleue dévie de son chemin...

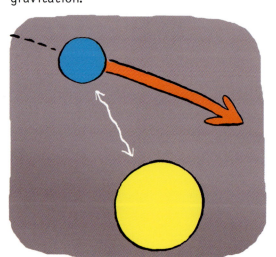

LES ÉTOILES S'ATTIRENT ?

POUR ALBERT EINSTEIN

Albert Einstein pense que les planètes et les étoiles déforment l'espace autour d'elles, comme des billes posées sur un trampoline. Et plus elles contiennent de matière, plus elles déforment l'espace. D'après Einstein, la gravitation n'est pas une force, mais l'effet que produit l'espace en se déformant.

Avec un exemple, c'est mieux !

Imagine : cette planète bleue s'approche de la planète jaune....

1 Pour Einstein, la planète jaune, qui est très grosse, courbe l'espace autour d'elle.

2 La planète bleue continue son chemin, mais la déformation de l'espace a modifié sa trajectoire.

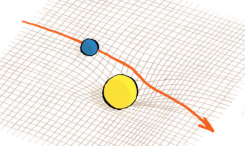

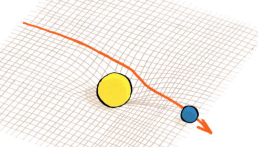

Incroyable !
Ces deux explications différentes décrivent très bien toutes les deux les mouvements des astres dans l'Univers : elles permettent de calculer très précisément leurs trajectoires.

Qui a le plus raison ? Einstein ou Newton ?

Sans doute Einstein, jusqu'à ce que quelqu'un trouve une nouvelle explication encore plus juste...

POURQUOI DIT-ON QUE NOUS SOMMES DES POUSSIÈRES D'ÉTOILES ?

C'est un astronome, Carl Sagan, qui a inventé cette expression.

Comme quoi les astronomes sont aussi des poètes !

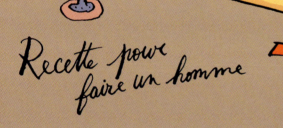

Recette pour faire un homme

TON CORPS EST FAIT D'ATOMES

On représente les atomes comme des sortes de billes microscopiques qui composent toute la matière du monde, c'est-à-dire tout ce qu'on peut toucher. Même ton corps est fait d'atomes.

D'accord, je suis fait de milliards d'atomes. Mais d'où viennent-ils ?

Mélanger

LA PLUPART DES ATOMES ONT ÉTÉ FABRIQUÉS DANS LES ÉTOILES

Au début de l'Univers, il n'existait que des petits atomes d'hydrogène (un des constituants de l'eau) et d'hélium (le gaz avec lequel on gonfle les ballons dans les foires). L'hydrogène et l'hélium ont formé les premières étoiles. En brûlant, celles-ci les ont transformés en atomes plus gros...

Quand des petits atomes se regroupent pour en faire des gros, on dit qu'ils fusionnent.

LES ÉTOILES MEURENT ET DISPERSENT LEURS ATOMES

Quand les étoiles meurent, beaucoup d'entre elles explosent et dispersent dans l'espace les atomes qu'elles ont fabriqués. Ces atomes se regroupent ailleurs, ils forment des nuages qui donnent naissance à de nouvelles étoiles. Dans chaque nouvelle étoile, ils brûlent et se regroupent en atomes plus gros et plus variés. Et autour des étoiles apparaissent des planètes...

C'est ainsi que sont apparus notre Système solaire, la Terre et... les êtres vivants!

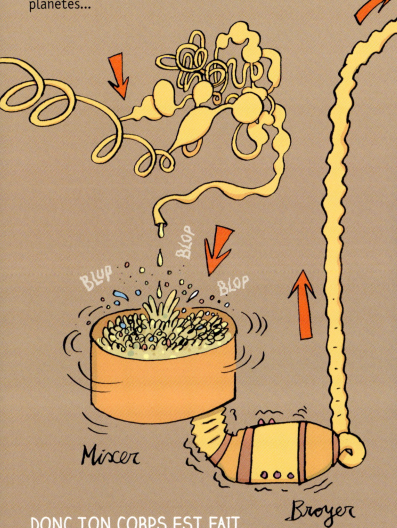

BLUP
BLOP
BLOP

Mixer

Broyer

Poussière d'étoile

toi

DONC TON CORPS EST FAIT DE POUSSIÈRES D'ÉTOILES !

Eh oui! Le calcium de tes os ou le fer qui donne la couleur rouge à ton sang ont été fabriqués par des étoiles qui ont disparu depuis des milliards d'années!

C'est fou, non?

Rien ne se perd, rien ne se crée, tout se transforme.

A. LAVOISIER

29

PEUT-ON VOYAGER DANS LE TEMPS ?

Oui, on peut voyager dans le temps !

Mais pas comme dans les films de science-fiction...

ET SI ON RENCONTRAIT CLÉOPÂTRE ?

Les êtres humains rêvent depuis longtemps d'inventer une machine pour voyager dans le passé ou dans le futur. Imagine, si tu pouvais rencontrer Cléopâtre ou tes futurs petits-enfants ?... Bon, ça c'est impossible aujourd'hui !

Hello, je vends des aspirateurs très performants !

VOIR LOIN, C'EST VOIR AVANT

Ce qui est possible, c'est de « voir » le passé. Quand tu regardes une étoile, sa lumière t'arrive après un long voyage dans l'espace. Tu vois l'étoile comme elle était quand sa lumière l'a quittée, tu vois donc loin dans le passé ! Tu peux même voir des étoiles qui n'existent plus : elles ont disparu pendant que leur lumière voyageait vers la Terre !

LE SOLEIL ET LA LUNE

La lumière se déplace à la vitesse de 300 000 kilomètres par seconde. Le Soleil étant à 150 millions de kilomètres de la Terre, sa lumière met 8 minutes à nous parvenir. Tu vois donc le Soleil comme il était il y a 8 minutes ! La Lune se trouve à 384 000 kilomètres de la Terre, la lumière du Soleil qui se reflète sur sa surface met un peu plus de 1 seconde pour nous parvenir. Nous voyons donc la Lune comme elle était il y a 1 seconde !

UN VOYAGE TÉLESCOPIQUE !

L'étoile la plus proche de notre Système solaire s'appelle Proxima du Centaure. Elle se trouve à 4 années-lumière, ce qui veut dire que sa lumière a voyagé 4 années pour nous parvenir : nous voyons cette étoile comme elle était il y a 4 ans. Et grâce aux télescopes, les scientifiques la voient bien !

Incroyable !
Le télescope spatial James-Webb sera lancé en 2018. Il pourra voir des étoiles qui étaient en train de naître il y a plus de 13 milliards d'années !

Le sais-tu ?
Voyager vraiment dans le passé créerait des situations impossibles. On les appelle des paradoxes. Par exemple : si un homme voyageait dans le passé et qu'il tuât un de ses ancêtres, il ne pourrait pas naître, donc il ne pourrait pas voyager dans le passé pour tuer son ancêtre !

Bonjour, mon futur papy !

COMBIEN Y A-T-IL D'ÉTOILES DANS LE CIEL ?

Houla, beaucoup !

Ça dépend... Si tu as des bons yeux ou pas !

UN NOMBRE ASTRONOMIQUE !

Les astronomes pensent que l'Univers observable contient environ cent mille milliards de milliards d'étoiles, ou 100 000 000 000 000 000 000 000 d'étoiles, c'est-à-dire un « 1 » suivi de 23 zéros. On peut aussi écrire : 10^{23} étoiles. Ça fait vraiment beaucoup !

ET SI ON COMPTE EN GRAINS DE SABLE ?

Notre Galaxie, qu'on appelle la Voie lactée, ne contient « que » 200 milliards d'étoiles. C'est à peu près le nombre de grains de sable qu'il faudrait pour remplir le coffre d'une petite camionnette.

À L'ŒIL NU

La nuit, si tu regardes le ciel quand il n'y a pas un nuage et que l'horizon est dégagé, tu peux distinguer environ 3 000 étoiles. Et autant si tu étais de l'autre côté de la Terre, soit 6 000 en tout. C'est déjà pas mal !

Incroyable !
La nuit, ton œil voit mieux sur le côté qu'au milieu. Fais l'expérience : repère une étoile, essaye de la fixer des yeux, puis regarde un peu à côté... c'est étonnant !

EST-CE QU'IL FAIT FROID DANS L'ESPACE ?

Ben... disons qu'il fait très chaud et très froid...   Tu parles d'une réponse !

LE FOND DE L'UNIVERS EST FRAIS...

On peut dire que oui, dans l'Univers, le fond de l'air est frais (c'est une façon de parler, bien sûr, car dans l'espace il n'y a pas d'air !) : il fait – 270 °C.

– 270 °C, c'est la température qui règne dans l'espace, loin des étoiles et des planètes. Pour comparer, dans ton réfrigérateur l'eau gèle à 0 °C, et le record de froid sur notre planète a été mesuré à – 90 °C près du pôle Sud.

...MAIS IL PEUT FAIRE TRÈS CHAUD !

Un astronaute posé sur la Lune a intérêt à avoir une bonne combinaison : son ventre exposé au Soleil subit une chaleur de 150 °C, alors que son dos qui est dans l'ombre est à – 150 °C ! De quoi attraper du mal...

Ce n'est pas le cas sur Terre, car notre atmosphère répartit la chaleur du Soleil dans toutes les directions : une glace exposée au Soleil fondra plus vite qu'une autre qui est à l'ombre, mais les écarts de température ne dépassent pas 20 °C.

POURQUOI ALBERT EINSTEIN EST-IL SI CÉLÈBRE ?

Il a élaboré la théorie de la relativité générale.

Et depuis, on ne voit plus le monde de la même façon !

Albert Einstein
Physicien
Né en 1879
Mort en 1955

LA RELATIVITÉ GÉNÉRALE

Pour Einstein, les planètes, les étoiles (et tout ce qui existe) se déplacent dans ce qu'il appelle l'espace-temps. L'espace et le temps sont liés, et tous les objets déforment l'espace et le temps autour d'eux. Par exemple, une planète fait dévier le chemin des astres qui circulent près d'elle. Même la lumière est déviée quand elle passe près d'une étoile. Et le temps ne s'écoule pas à la même vitesse selon l'endroit où tu te trouves... Incroyable, non ? Pourtant, depuis cent ans, les scientifiques font des expériences qui prouvent qu'Einstein avait raison !

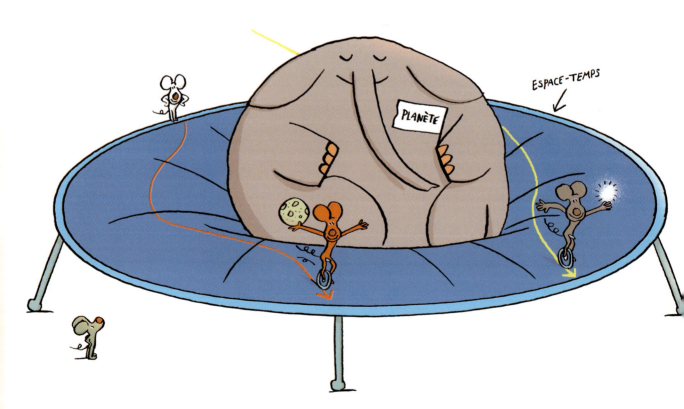

VOICI QUELQUES DÉCOUVERTES D'EINSTEIN :

LA LUMIÈRE BAT LE RECORD DE VITESSE

Rien ne peut se déplacer plus vite que la lumière, à 300 000 kilomètres par seconde dans le vide. Et la lumière va toujours à la même vitesse partout dans l'Univers.

LE TEMPS N'EST PAS LE MÊME POUR TOUT LE MONDE

Plus on se trouve près du centre d'une planète, plus le temps s'écoule lentement.
Par exemple, une horloge placée au pied d'un escalier avance plus lentement que la même horloge placée en haut de ce même escalier : la première est plus proche que l'autre du centre de la Terre et pour elle, le temps s'écoule plus lentement !

PLUS ON SE DÉPLACE RAPIDEMENT, PLUS LE TEMPS RALENTIT

Par exemple, une horloge embarquée dans un avion tourne moins vite que la même horloge restée immobile au sol. Le temps s'écoule plus lentement pour l'horloge qui se déplace !
Ces différences sont très faibles, nous ne les sentons pas dans notre vie quotidienne. Mais si Einstein n'avait pas découvert que le temps est relatif, le système GPS serait beaucoup moins précis : il fonctionne avec des satellites qui corrigent ces variations du temps.

> ### Le sais-tu ?
> Depuis Einstein, on a compris que la matière et l'énergie, c'est la même chose. Pour comprendre ce que ça veut dire, découvre page suivante ce que signifie $E = mc^2$, la formule mathématique la plus célèbre de l'histoire !

QU'EST-CE QUE ÇA VEUT DIRE, E = MC² ?

C'est la formule mathématique la plus célèbre du monde !

Elle a été énoncée par le physicien Albert Einstein pour décrire notre Univers.

L'ÉNERGIE DE LA MATIÈRE

Pour comprendre cette formule, il faut savoir que tout ce que tu peux toucher (une table, un arbre, un chat, ton corps...) est fait de matière. Et la matière est formée d'atomes, eux-mêmes formés de particules encore plus petites. Ces particules sont collées les unes aux autres par des forces mystérieuses, qu'on appelle aussi de l'énergie.

Tout grouille de petites particules !

C'EST QUOI, CETTE FORMULE ?

Dans une formule mathématique, chaque lettre et chaque signe veut dire quelque chose de précis :

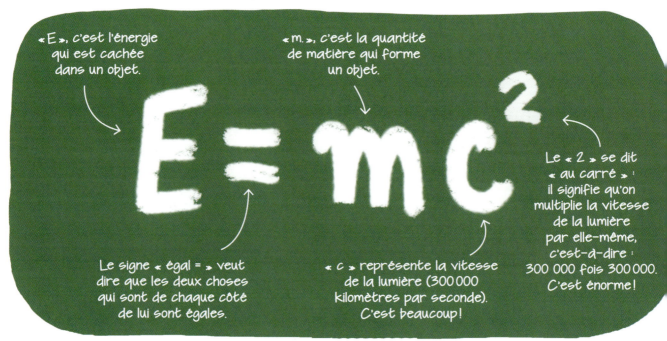

« E », c'est l'énergie qui est cachée dans un objet.

« m. », c'est la quantité de matière qui forme un objet.

$$E = mc^2$$

Le « 2 » se dit « au carré » : il signifie qu'on multiplie la vitesse de la lumière par elle-même, c'est-à-dire : 300 000 fois 300 000. C'est énorme !

Le signe « égal = » veut dire que les deux choses qui sont de chaque côté de lui sont égales.

« c » représente la vitesse de la lumière (300 000 kilomètres par seconde). C'est beaucoup !

On peut alors traduire E = mc² par la phrase : « L'énergie d'un objet est égale à sa masse multipliée par la vitesse de la lumière au carré ».

Es-tu capable de dire cette formule à toute vitesse ?

Et sans regarder ?

LA PHRASE QUI EXPLIQUE LE MONDE !

$E = mc^2$ veut dire que, dans notre Univers, la matière contient beaucoup d'énergie. Et aussi que la matière peut se transformer en énergie, et même que l'énergie peut devenir de la matière. Par exemple :

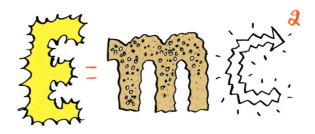

Quand tu fais du sport, ton corps utilise ses réserves de graisse et de sucre, et il les transforme en énergie qui te fait bouger. Tu te dépenses et tu avances !

Quand une étoile brille, elle aussi dépense de l'énergie. Sa matière brûle en produisant de la lumière et de la chaleur.

Quand un pétard explose, sa matière se transforme en énergie. Cette énergie fait du bruit et elle peut même te blesser.

Et dans les laboratoires, les scientifiques concentrent de grandes quantités d'énergie pour donner naissance à des particules de matière !

QUI A FAIT LE PREMIER VOL DANS L'ESPACE ?

Au début, il fallait du courage!

Personne ne savait si on pouvait vivre loin de la Terre...

DES MOUCHES !

Le premier vol dans l'espace a été fait par... des mouches américaines! Elles ont été lancées en 1947 à bord d'une fusée V2, à une altitude de 108 kilomètres. Incroyable! Elles sont revenues vivantes.

LE PREMIER OBJET EN ORBITE

Le premier engin que les humains ont réussi à placer en orbite était un satellite russe nommé Spoutnik 1. Cette boule de métal, de la taille d'un gros ballon de basket, a commencé à tourner autour de la Terre le 4 octobre 1957. Il a marqué le début de la conquête spatiale.

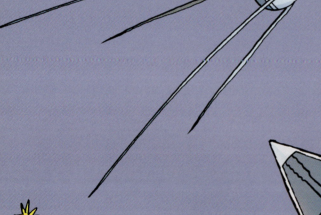

CHIENS, CHATS ET AUTRES...

Le premier être vivant à être placé en orbite était une chienne russe, Laïka. Elle s'est envolée le 3 novembre 1957, mais n'a pas survécu. D'autres animaux ont volé par la suite comme la chatte Félicette, des tortues, des vers, mais aussi des bactéries...

LE PREMIER HOMME

Le premier humain à voler à bord d'une fusée s'appelait Youri Gagarine. Il était russe. Le 12 avril 1961, il s'est envolé à bord du vaisseau Vostok 1. Il a fait un tour de la Terre en près de deux heures, à une altitude moyenne de 250 kilomètres. C'était un évènement extraordinaire !

LA PREMIÈRE FEMME

La première femme cosmonaute était russe, elle aussi : elle s'appelait Valentina Terechkova. En 1963, elle a fait 48 fois le tour de la Terre à bord du vaisseau Vostok 6, un vol de près de trois jours.

Le sais-tu ?
Les humains qui vont dans l'espace portent des noms différents selon les pays.
Les Russes sont des cosmonautes.
Les Américains sont des astronautes.
Les Français sont des spationautes.
Les Chinois sont des taïkonautes.

QU'EST-CE QUI SE PASSE DANS LA STATION SPATIALE INTERNATIONALE ?

Tu savais que la Station internationale est grande comme un terrain de foot ?

Mais ils ne sont que six joueurs, difficile de faire un match !

SIX MOIS DANS L'ESPACE

Avec ses panneaux solaires, la Station spatiale internationale (ISS) mesure 110 mètres de long sur 74 mètres de large, autant qu'un terrain de football. Les six astronautes vivent dans des sortes de grosses boîtes de conserve remplies d'air, qu'on appelle des modules. À l'intérieur, ils ont autant de place que dans trois voitures de TGV. Et ils y restent entre trois et six mois !

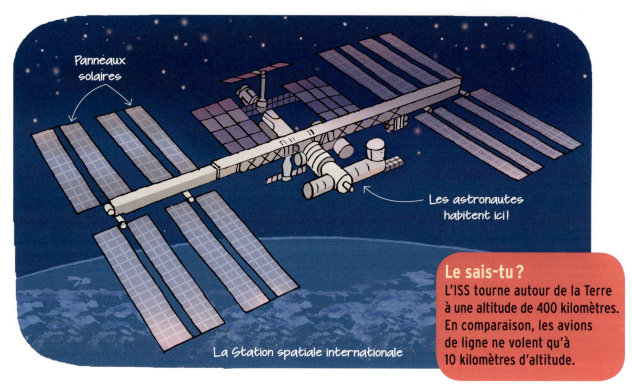

Panneaux solaires

Les astronautes habitent ici !

La Station spatiale internationale

Le sais-tu ?
L'ISS tourne autour de la Terre à une altitude de 400 kilomètres. En comparaison, les avions de ligne ne volent qu'à 10 kilomètres d'altitude.

DES JOURNÉES BIEN OCCUPÉES !

À bord de l'ISS, les astronautes réalisent des expériences pour comprendre comment le corps humain ou les plantes réagissent en apesanteur. Ils étudient aussi des nouveaux matériaux, ils testent des horloges qui amélioreront les systèmes GPS... et bien d'autres choses encore !

SANS PESANTEUR, TOUT FICHE LE CAMP !

Dans l'ISS, les astronautes ne pèsent plus rien. Pour eux, il n'y a plus de haut ni de bas, tout ce qui n'est pas attaché flotte autour d'eux. Attention aux gouttes d'eau et aux miettes qui pourraient abîmer le matériel !
- Les astronautes ne prennent pas de bain, ils se lavent avec des lingettes.
- Les toilettes aspirent le caca, et les astronautes font pipi dans des tuyaux.
- Ils dorment dans des sacs de couchage accrochés aux parois.
- Ils boivent des soupes et des sodas en sachet, avec des pailles.
- Avec l'apesanteur, leur corps ne fait plus d'efforts. Pour rester en forme, ils doivent faire deux heures de musculation par jour.

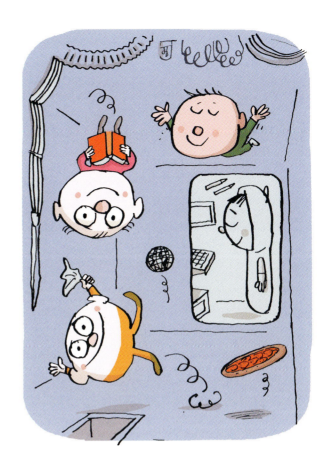

ATTENTION AUX RAYONS !

Dans l'espace, les astronautes reçoivent en une journée autant de rayons qu'en un an sur Terre ! Ça peut provoquer des maladies. Il faudra trouver le moyen de les protéger avant qu'ils partent pour des voyages de plusieurs années.

L'ESPACE EST ENCOMBRÉ DE DÉCHETS !

La station croise des débris de vaisseaux et des micrométéores. Certains passent à 20 kilomètres par seconde : à cette vitesse, un gravier de 1 centimètre de diamètre peut transpercer un module ! Deux vaisseaux de secours sont accrochés à la station pour ramener les astronautes sur Terre en cas d'urgence...

Le sais-tu ?

Thomas Pesquet est le plus célèbre spationaute français. Il a passé 196 jours dans la Station spatiale internationale entre octobre 2016 et juin 2017. Il a réalisé des dizaines d'expériences scientifiques et entretenu le matériel de la station. Il a aussi filmé la vie à bord, ce qui a permis aux Terriens de participer à son aventure.

À QUELLE VITESSE VOLENT LES FUSÉES ?

Pour se mettre en orbite autour de la Terre, les fusées doivent décoller à près de 28 000 km/h sinon elles retombent.

Mais certaines vont encore plus vite !

ÇA DÉCOIFFE !

La fusée qui a été le plus vite pour quitter la Terre est celle qui a emporté la sonde New Horizons vers Pluton, en 2006, à 58 356 km/h.

L'objet le plus rapide construit par les humains est la sonde Helios 2 : elle a atteint la vitesse de 252 292 km/h, soit plus de 70 kilomètres par seconde ! Pour aller aussi vite, un moteur ne suffit pas : il a fallu envoyer la sonde tourner autour du Soleil pour lui donner de l'élan !

La Station spatiale internationale se déplace à une vitesse de 27 600 km/h, soit 7,66 kilomètres par seconde. Elle tourne autour de la Terre à une altitude de 400 kilomètres.

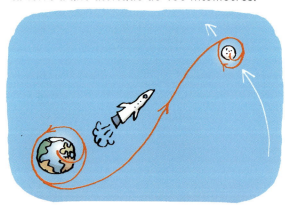

Le sais-tu ?
Le voyage vers la Lune dure environ 60 heures, un peu moins de trois jours. Plus une journée pour prendre son élan autour de la Terre, puis une autre autour de la Lune avant de se poser.

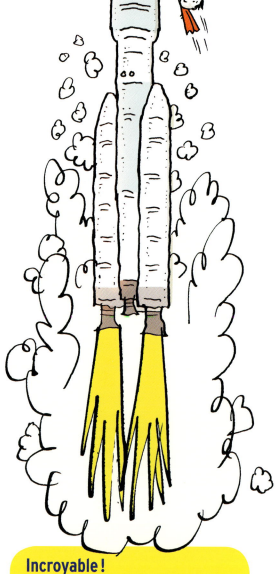

Incroyable !
La Terre tourne autour du Soleil à 106 000 km/h, et puis elle tourne sur elle-même. Alors toi aussi tu tournes ! Si tu habites en France, tu atteins la vitesse de 1 080 km/h par rapport au Soleil, environ 300 mètres par seconde, sans bouger et sans t'en rendre compte !

COMBIEN DE TEMPS FAUT-IL POUR ALLER SUR MARS ?

Pour aller sur la Lune et en revenir, il faut une semaine.

Pour Mars, c'est deux ans et demi! Pour l'instant, l'homme n'est pas encore prêt à s'y aventurer...

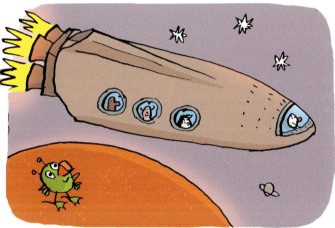

MARS, CE N'EST PAS LA CÔTE D'AZUR !

Les astronautes devront s'habituer à des conditions de vie difficiles : sur Mars, la température varie de 27 à − 130 °C ! Des tempêtes de sable balaient toute la planète et masquent le Soleil, parfois pendant des mois.

Bienvenue!

UN GRAND VAISSEAU

Le vaisseau devra être assez grand pour emporter six astronautes, avec air, eau et nourriture. Il devra les protéger des rayonnements cosmiques avec un blindage très lourd. Le carburant représentera la moitié de son poids !

Allô, la Terre?...

Le sais-tu ?
Une fois sur Mars, un message radio mettra de 3 à 20 minutes pour atteindre la Terre. C'est-à-dire qu'entre une question et une réponse, il se passera entre 6 et 40 minutes !

40 minutes plus tard...

ZZZZZZZ...

UN DÉPART TOUS LES DEUX ANS...

Tous les deux ans, Mars et la Terre sont au plus proche : 54 millions de kilomètres. Avec les techniques d'aujourd'hui, un vaisseau habité mettrait 200 jours à atteindre Mars, il devrait y rester 500 jours, puis mettrait 200 jours à revenir sur Terre. Au minimum, deux ans et demi d'aventure !

Allô, qui est à l'appareil ?

43

EST-CE QUE LES HUMAINS VIVRONT UN JOUR SUR MARS ?

UN PROJET FOU, MAIS...

Avant de s'installer sur Mars, il faudrait déjà être capable d'y aller et d'en revenir sain et sauf ! Pour l'instant, on préfère envoyer des robots pour l'explorer. Mais sur le papier, ce projet fou ne semble pas impossible...

IL FAUDRAIT DE L'EAU... LIQUIDE !

Sur Mars, il y a beaucoup d'eau gelée. Elle recouvre les pôles et se cache dans le sol. Les humains devront transformer cette glace en eau liquide. Pour cela, il faudra réchauffer Mars en augmentant l'épaisseur de son atmosphère. On peut y arriver en libérant le gaz carbonique qui est prisonnier dans le sol.

Le sais-tu ?

Sur Mars, l'atmosphère est très fine. Donc elle pèse peu sur la surface de la planète. On dit que la pression atmosphérique est faible. À cause de cela, l'eau bout à 10 °C (la température de la mer en hiver), alors que sur Terre, elle bout à 100 °C !

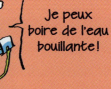

ET COMMENT ON RESPIRE ?

Dans l'eau et le gaz carbonique de Mars, il y a de l'oxygène, le même que celui qu'on respire dans notre air. Les humains pourraient donc rendre l'atmosphère de Mars respirable en extrayant cet oxygène avec des machines. Ils pourraient aussi faire pousser des algues et des lichens, qui rejettent de l'oxygène.

600 ANS

900 ANS

1000 ANS

IL FAUDRAIT AU MOINS...
1 000 ANS !

Puis les « humains martiens » feraient pousser des mousses, qui sont des usines à oxygène. On suppose qu'il faudrait 700 ans avant que les mousses libèrent assez d'oxygène pour qu'on puisse semer les premières plantes à fleurs, puis des arbustes, et enfin des forêts de pins... En mille ans, on pourrait faire pousser des tomates. Patience !

Incroyable !

Certains scientifiques voudraient placer des miroirs géants en orbite au-dessus des pôles de Mars. Ces miroirs réfléchiraient la lumière du Soleil et feraient fondre la glace. Ils seraient faits avec un tissu spécial et devraient être larges de... 250 kilomètres !

POURQUOI LES PLANÈTES SONT-ELLES RONDES ?

C'est vrai, ça!
Pourquoi ne sont-elles pas carrées?

Ha! Ha!
Ou plates comme des crêpes?

LA GRAVITATION AIME LES RONDEURS !

Les planètes sont rondes parce qu'elles n'ont pas le choix : c'est la force de gravitation qui commande ! Une planète se forme quand, dans l'espace, des pierres et des poussières s'attirent les unes les autres. Elles se regroupent et la gravitation les force toutes à aller vers l'endroit où elles sont déjà le plus nombreuses, c'est-à-dire vers le centre.

Au début, était une valse...

DES BOULES VISQUEUSES

Quand une planète se forme et qu'elle est large d'au moins 500 kilomètres, les pierres qui la constituent appuient tellement fort les unes sur les autres qu'elles s'échauffent et finissent par fondre : la planète devient une boule de lave liquide, et la gravitation peut alors finir de l'arrondir.

J'ai le tournis !

PAS TOUT À FAIT RONDES...

Mais les planètes ne sont jamais tout à fait rondes : elles tournent sur elles-mêmes, alors elles sont un peu plus larges à l'équateur et aplaties aux pôles, à cause de l'effet centrifuge (c'est lui qui te pousse vers l'extérieur des virages quand tu es en voiture).

Et hop! pirouette cacahouète...

Si je grossis de 499,99997 kilomètres, je deviendrai un joli rond !

POURQUOI TOUS LES CAILLOUX NE DEVIENNENT-ILS PAS RONDS ?

Quand un caillou mesure moins de 500 kilomètres de large, il ne contient pas assez de matière pour que la gravitation puisse le déformer.

EST-CE QU'UN JOUR DES SUR JUPITER ?

On aurait de la place, c'est la plus grande planète du Système solaire...

Mais on a un souci : il n'y a pas de sol pour se poser !

DEUX SORTES DE PLANÈTES

Dans notre Système solaire, il existe :
– Des planètes telluriques. Elles ont une surface solide en roche. Ce sont les plus proches du Soleil : Mercure, Vénus, la Terre et Mars.
– Des géantes gazeuses. Ce sont des boules de gaz et de liquide, faites surtout d'hydrogène. Elles sont beaucoup plus grosses que les planètes telluriques. Ce sont les plus éloignées du Soleil : Jupiter, Saturne, Uranus et Neptune.

Incroyable !

La Terre est une planète tellurique, c'est-à-dire que sa croûte extérieure est solide. C'est une couche de roche épaisse de 5 à 80 kilomètres. Mais l'intérieur de notre planète est fait de différentes couches plus ou moins liquides et pâteuses qui entourent une « graine » de métal solide.

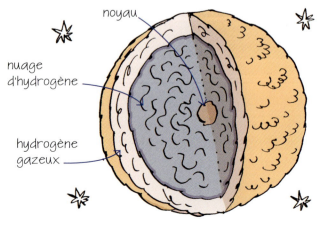

noyau

nuage d'hydrogène

hydrogène gazeux

QUE SE PASSERAIT-IL SI ON ALLAIT SUR JUPITER ?

Un vaisseau qui approcherait de Jupiter s'enfoncerait d'abord dans ses nuages. Il croiserait des orages terribles et des vents de plus de 600 km/h ! Très vite, les nuages cacheraient la lumière du Soleil et il ferait tout noir...

UN VOYAGE SANS RETOUR !

Plus le vaisseau descendrait, plus les nuages seraient humides, épais et chauds, jusqu'à se transformer en un océan liquide et brûlant. Encore plus profond, l'hydrogène devient progressivement du métal en fusion avant d'atteindre le noyau, sans doute une boule métallique. Mais notre vaisseau aurait disparu bien avant d'arriver au centre, écrasé par le poids de l'atmosphère !

Le sais-tu ?
Jupiter est grosse comme 1 300 fois la Terre. Et son centre est trois fois plus chaud que la surface du Soleil !

C'EST QUOI UNE COMÈTE ?

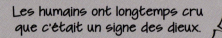

Les humains ont longtemps cru que c'était un signe des dieux.

Le problème, c'est qu'ils ne savaient pas si c'était bon signe, ou pas...

UN GROS GLAÇON !

Une comète est un bloc de glace et de poussières qui tourne autour d'une étoile. Quand le Soleil fait fondre la glace, celle-ci forme une auréole autour de la comète, qu'on appelle la chevelure, ainsi qu'une queue de gaz et de poussières.

Incroyable !
Les comètes contiennent beaucoup d'eau glacée. Elle ressemble à celle des océans de la Terre. Des spécialistes pensent qu'une grande partie de l'eau que l'on trouve sur la Terre provient probablement des comètes.

UNE COMÈTE, C'EST GRAND COMMENT ?

Le corps d'une comète mesure entre quelques centaines de mètres et quelques dizaines de kilomètres. Mais la queue d'une comète peut être longue de plusieurs millions de kilomètres !

HALLEY ET TOUTES LES AUTRES

Environ 3 800 comètes tournent autour de notre Soleil. La plus célèbre s'appelle la comète de Halley. Son corps mesure 15 kilomètres de long, on peut la voir à l'œil nu dans notre ciel tous les 76 ans. La dernière fois qu'elle est passée, c'était en 1986.

Le sais-tu ?
En 2014, une sonde a réussi à poser le petit robot Philae sur une comète qui passait près de Jupiter. Le voyage avait duré dix ans ! Philae a pu envoyer sur Terre les premières photos depuis le sol d'une comète.

EST-CE QUE LA TERRE VA MOURIR UN JOUR ?

Oui, mais on a le temps !

En attendant, il faut en prendre soin...

LE SOLEIL VA AVALER LA TERRE... DANS LONGTEMPS !

Le Soleil et la Terre existent depuis 4,5 milliards d'années. Ils sont à peu près à la moitié de leur existence. Quand le Soleil aura brûlé tout son hydrogène, il va enfler et avalera les planètes Mercure, Vénus et... la Terre. Notre planète va devenir brûlante, les océans s'évaporeront et toute vie disparaîtra de sa surface. Mais pas avant 2 ou 3 milliards d'années...

QU'EST-CE QU'ON PEUT FAIRE ?

Pour éviter la fin de la Terre, rien. Mais d'ici là, nos descendants auront sûrement trouvé le moyen de construire des vaisseaux pour coloniser d'autres planètes, dans d'autres systèmes solaires...

LE VRAI DANGER, CE N'EST PAS LA DISPARITION DE LA TERRE...

Les humains sont en train d'abîmer leur planète à une telle vitesse qu'elle risque de devenir inhabitable en quelques centaines d'années. Pour que les générations futures puissent y vivre longtemps, nous devons :
- Lutter contre le réchauffement climatique qui provoque la montée du niveau de la mer et agrandit les déserts.
- Préserver la biodiversité. La biodiversité, c'est le grand nombre d'espèces d'animaux et de plantes qui habitent les différentes régions de notre planète. Chaque fois qu'une sorte d'herbe disparaît, c'est peut-être un futur médicament qui disparaît avec elle.

QU'EST-CE QU'ON APPELLE LA VOIE LACTÉE ?

C'est là qu'on habite !

La Voie lactée, c'est le nom de notre Galaxie.

ON LA VOIT DANS LE CIEL

Si tu observes bien le ciel par une nuit sans lune, tu vois une large bande de lumière blanchâtre au-dessus de toi. C'est ça, la Voie lactée. C'est notre Galaxie. Notre Soleil et notre Terre en font partie.

QU'EST-CE QUE C'EST, UNE GALAXIE ?

Une galaxie est un groupe d'étoiles entourées de gaz et de poussières. Les galaxies forment des sortes de roues géantes qui tournent sur elles-mêmes. Notre Galaxie contient environ 200 milliards d'étoiles !

LE CENTRE DE NOTRE GALAXIE

Si tu regardes le ciel en direction de la constellation du Sagittaire (pour te repérer, va voir la carte du ciel page 72), tu regardes en direction du centre de la Voie lactée. Mais tu ne pourras pas distinguer cette région à l'œil nu car elle est cachée par d'immenses nuages de poussières.

DES FORMES DIFFÉRENTES

L'Univers observable contient quelques centaines de milliards de galaxies. Certaines sont elliptiques (elles ressemblent à des ballons de rugby), d'autres forment des spirales ou sont irrégulières...

Galaxie elliptique

Galaxie spirale barrée

Galaxie irrégulière

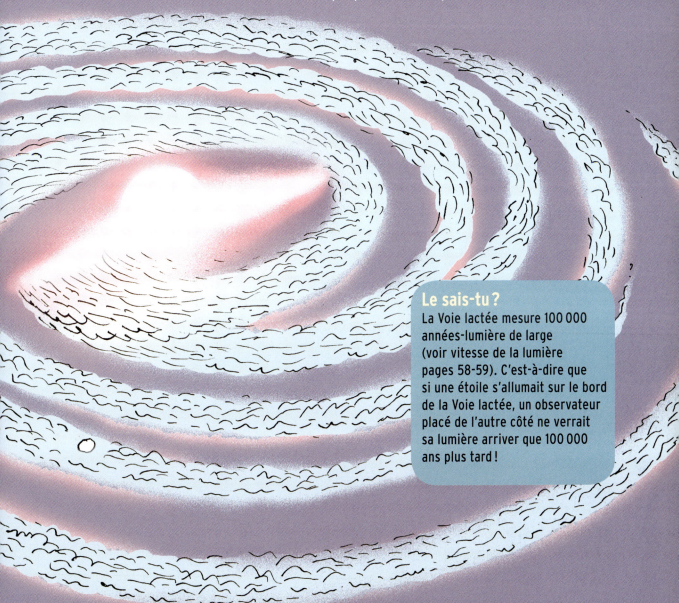

Le sais-tu ?

La Voie lactée mesure 100 000 années-lumière de large (voir vitesse de la lumière pages 58-59). C'est-à-dire que si une étoile s'allumait sur le bord de la Voie lactée, un observateur placé de l'autre côté ne verrait sa lumière arriver que 100 000 ans plus tard !

Incroyable !

Si l'Univers observable avait la taille d'un terrain de football, notre Voie lactée serait posée au milieu et elle aurait la taille d'un tout petit grain de sable.

QUE TROUVE-T-ON DANS

Les astronomes disent qu'il y a huit planètes dans notre Système solaire.

Ça dépend ce qu'on appelle une planète...

Soleil

Mercure

Vénus

Terre

Mars

Jupiter

Ceinture d'astéroïdes

HUIT PLANÈTES, MAIS PAS QUE...

Huit planètes tournent autour de notre Soleil. Mais elles entraînent avec elles 175 satellites naturels. Et il y a aussi cinq planètes naines, et des milliards de bouts de rochers, de comètes, d'astéroïdes... Le Soleil et tous ces objets qui tournent autour de lui forment ce qu'on appelle le Système solaire.

NOTRE SYSTÈME SOLAIRE ?

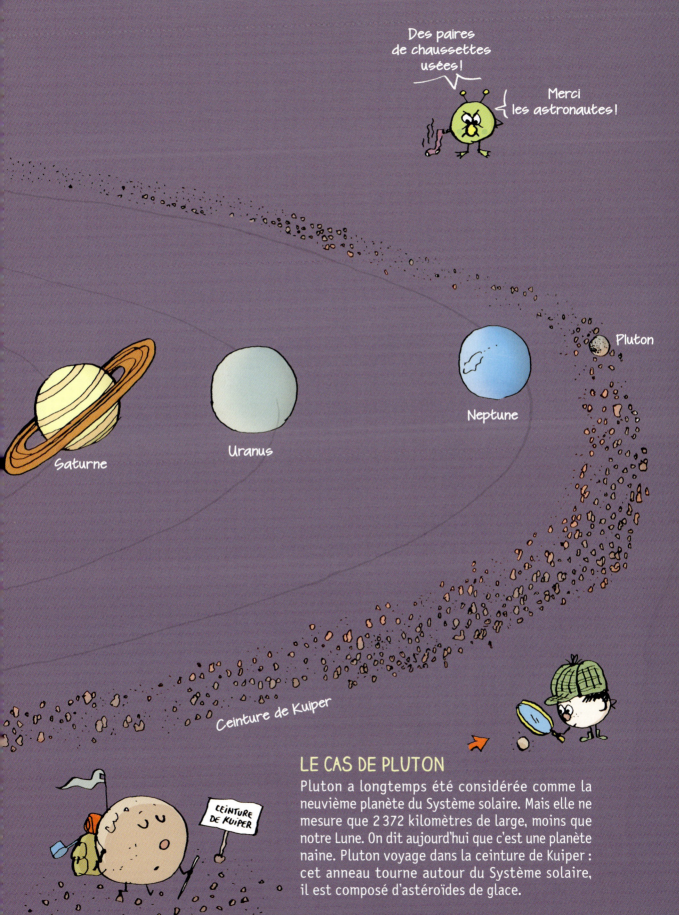

Des paires de chaussettes usées !

Merci les astronautes !

Pluton

Neptune

Saturne

Uranus

Ceinture de Kuiper

LE CAS DE PLUTON

Pluton a longtemps été considérée comme la neuvième planète du Système solaire. Mais elle ne mesure que 2 372 kilomètres de large, moins que notre Lune. On dit aujourd'hui que c'est une planète naine. Pluton voyage dans la ceinture de Kuiper : cet anneau tourne autour du Système solaire, il est composé d'astéroïdes de glace.

CEINTURE DE KUIPER

QUELLE EST LA DIFFÉRENCE ENTRE L'ASTRONOMIE ET L'ASTROLOGIE ?

L'astronomie est une science.

L'astrologie est une croyance.

LES ASTROLOGUES

Les astrologues s'intéressent à la position des planètes dans le ciel : ils pensent qu'elles influencent notre caractère et ce qui se passe dans notre vie. Mais ce ne sont que des croyances qui ne sont vérifiées par aucune expérience. Quand les prédictions des astrologues sont justes, c'est seulement un coup de chance !

LES ASTRONOMES

Les astronomes sont des scientifiques. Ils essayent de comprendre comment l'Univers s'est formé et comment il fonctionne. En l'observant avec leurs télescopes, ils peuvent calculer le trajet des planètes, analyser la lumière des étoiles pour dire de quoi elles sont faites... et ils cherchent à découvrir comment l'Univers va évoluer.

Aujourd'hui, je suis mal luné !

Le sais-tu ?
Beaucoup de gens croient aux prédictions des astrologues parce qu'ils ont besoin de se rassurer, parce qu'ils veulent savoir ce qui va leur arriver. Malheureusement pour eux, les planètes n'en savent pas plus qu'eux sur l'avenir !

Je suis né sous une bonne étoile !

EST-CE QUE LES EXTRATERRESTRES EXISTENT ?

Ce n'est pas impossible du tout !

Qu'en penses-tu, Gérard ?

❶ À LA RECHERCHE D'EXOPLANÈTES

Si des extraterrestres existent, il faut bien qu'ils habitent quelque part. Pourquoi la vie ne se serait-elle pas développée ailleurs que sur Terre, sur d'autres planètes qui tourneraient autour d'autres étoiles que notre Soleil ? On les appelle : les exoplanètes.

❷ PAS TOUTES HABITABLES...

Les astronomes ont repéré des milliers d'exoplanètes. Mais elles ne sont pas toutes habitables ! On pense que pour que la vie s'y développe, il faut de l'eau liquide, ce qui veut dire une planète ni trop proche ni trop éloignée de son étoile. Comme la Terre. Et puis elle doit avoir une atmosphère.

❹ COMMENT REPÈRE-T-ON LES EXOPLANÈTES ?

Les exoplanètes sont très éloignées, et la brillance de leur étoile les rend invisibles. Mais avec leurs télescopes, les astronomes peuvent les détecter car, à cause de la gravitation, elles modifient la trajectoire de leur étoile. Et quand elles passent devant, elles font baisser sa luminosité...

❸ MAIS CERTAINES LE SONT !

Pour le moment, on a trouvé moins d'une centaine d'exoplanètes habitables. Mais rien que dans notre Galaxie, il pourrait y en avoir environ 500 millions !

EST-CE QU'UN JOUR ON VOYAGERA À LA VITESSE DE LA LUMIÈRE ?

Ce serait bien! Les étoiles, ce n'est pas la porte à côté!

Mais on aura du mal à profiter du paysage...

LA LUMIÈRE, ÇA DÉCOIFFE !

À travers l'Univers, la lumière avance toujours à la même vitesse : 300 000 kilomètres en 1 seconde (en 1 seule seconde, la lumière peut faire 7 fois et demie le tour de la Terre!).

C'EST QUOI UNE ANNÉE-LUMIÈRE ?

Dans l'espace, les distances sont tellement grandes qu'on ne les compte pas en kilomètres mais en années-lumière. Une année-lumière, c'est la distance que parcourt la lumière en une année, c'est-à-dire environ 9 460 milliards de kilomètres. Un chiffre inimaginable !

PAS POSSIBLE... POUR LE MOMENT !

Aujourd'hui, difficile d'imaginer qu'on voyagera un jour à la vitesse de la lumière. Albert Einstein a calculé que pour aller aussi vite, il faudrait utiliser une quantité d'énergie... infinie. Et ça, on ne sait pas encore faire !

Le sais-tu ?

Quand tu allumes une lampe, tu as l'impression que la lumière apparaît au moment même où tu appuies sur l'interrupteur. En réalité, elle doit parcourir la distance entre l'ampoule et ton œil, et cela lui prend un peu de temps. Mais c'est trop rapide pour que tu t'en aperçoives.

Le Soleil est à 8 minutes-lumière de la Terre, soit 150 millions de kilomètres.

La nébuleuse d'Orion, visible à l'œil nu, est à 1 500 années-lumière de nous. C'est-à-dire que nous la voyons telle qu'elle était au début du Moyen Âge.

QUELQUES DISTANCES ASTRONOMIQUES

Proxima du Centaure est l'étoile la plus proche de notre Soleil : elle est située à 4 années-lumière de nous. Mais la sonde la plus rapide lancée par les humains, Helios 2, mettrait 18 000 ans pour l'atteindre !

La Lune est à une seconde-lumière de la Terre, soit 384 000 kilomètres, une petite distance dans l'Univers.

Les étoiles qui sont de l'autre côté de la Voie lactée tournent à 70 000 années-lumière de nous : nos télescopes les voient comme elles étaient au temps des hommes de Neandertal !

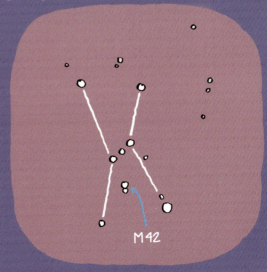

M 42

Nébuleuse d'Orion

QUELLE EST LA TAILLE DU SOLEIL ?

Si le Soleil était un melon...   ... la Terre aurait la taille d'un grain de semoule. Et elle serait située à 40 pas de lui !

IL EST IMMENSE !

Le Soleil mesure presque un million et demi de kilomètres de diamètre, 110 fois plus que notre Terre ! À sa place, on pourrait entasser plus d'un million de planètes de la taille de la Terre.

IL BRÛLERA ENCORE DES MILLIARDS D'ANNÉES

Le Soleil est fait d'hydrogène et d'hélium, qui brûlent en produisant de la lumière. À chaque seconde, le Soleil brûle autant de matière que ce que pourraient transporter 800 pétroliers géants ! Mais il est si gros qu'il fonctionnera comme cela pendant des milliards d'années.

Incroyable !

L'étoile Antarès, qu'on peut voir dans la constellation du Scorpion, est 900 fois plus large que notre Soleil ! Et la plus grosse étoile connue s'appelle UY Scuti : elle est 1700 fois plus grande que le Soleil !

Le sais-tu ?

On observe à la surface du Soleil des éruptions. Elles ne projettent pas de la lave comme les volcans, mais des particules. Quand celles-ci atteignent la Terre, elles perturbent nos systèmes de communication et produisent les aurores boréales, qui font comme des pluies de lumières colorées au-dessus des pôles.

C'EST QUOI, UNE CONSTELLATION ?

C'est comme un jeu de points à relier...

Un dessin imaginaire dans le ciel !

DES DESSINS GÉANTS

Une constellation est un dessin imaginaire dans le ciel qui réunit plusieurs étoiles, c'est aussi la zone qui entoure ce dessin. On en compte 88 qui recouvrent l'ensemble de notre ciel, comme un immense puzzle.

Le Cygne

Le sais-tu ?
Comme les étoiles voyagent dans l'espace, la forme des constellations change au fil du temps. Par exemple, à l'époque des hommes préhistoriques, la Grande Ourse n'avait pas la même forme qu'aujourd'hui !

DES HISTOIRES DANS LE CIEL

Pendant l'Antiquité, les humains se repéraient sur Terre en regardant la position des étoiles dans le ciel. Ils les ont regroupées pour qu'elles soient plus faciles à « lire ». Ils en profitaient pour dessiner dans le ciel les héros de leurs légendes et les animaux qu'ils respectaient, et chaque nuit ils pouvaient se raconter des histoires.

Le Lion

DES HÉROS, DES ANIMAUX, DES OBJETS

Les noms modernes des constellations représentent des héros légendaires (Orion, Persée, Hercule), des animaux (la Grande Ourse, la Baleine, le Grand Chien), des animaux imaginaires (la Licorne, le Phénix), des objets (le Microscope, la Règle), des personnages (le Cocher, le Peintre)...

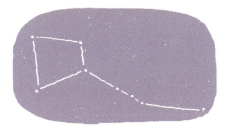

Grande Ourse, il y a 10 000 ans

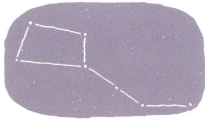

Grande Ourse, aujourd'hui

Grande Ourse, dans 10 000 ans

D'OÙ VIENNENT LES NOMS BIZARRES DES ÉTOILES ET DES PLANÈTES ?

C'est vrai, on pourrait les appeler Valentine, Ahmed, Adrien, Kevin...

Ou Kiki, Polo, Zouzou... Ha! Ha! Ha!

Alcor

Mizar

Alkaid

LES PLANÈTES PORTENT DES NOMS DE DIEUX ROMAINS

Les premiers humains les voyaient à l'œil nu, et ils se demandaient bien ce que pouvaient être ces lumières qui se déplaçaient dans le ciel... Pourquoi pas des dieux ? Alors ils ont décidé de les appeler Mercure, Vénus ou Jupiter comme les dieux des anciens Romains. Phobos et Deimos, les deux satellites de Mars, portent eux des noms de dieux grecs.

BEAUCOUP D'ÉTOILES ONT DES NOMS ARABES

Au Moyen Âge, les Arabes étaient de grands astronomes. Ils vivaient dans des régions sèches où le ciel était souvent très clair, et ils pouvaient observer les étoiles toute l'année. Ce sont eux qui ont nommé les étoiles de la Grande Ourse : Merak, Phekda, Megrez, Alioth et Mizar...

C'est par là !

QUEL BAZAR !

Pendant des siècles, beaucoup d'étoiles ont eu des noms différents selon les pays. Par exemple, Zeta s'appelait Mizar (la « ceinture ») chez les Arabes ; Vasishtha (le nom d'un grand sage hindou) en Inde ; Alopex (le « renard ») en Grèce ; Equus Stellaris (le « cheval des étoiles ») chez les Romains.

Je ne sais plus qui je suis, docteur. Mizar, Zeta, Alopex ??

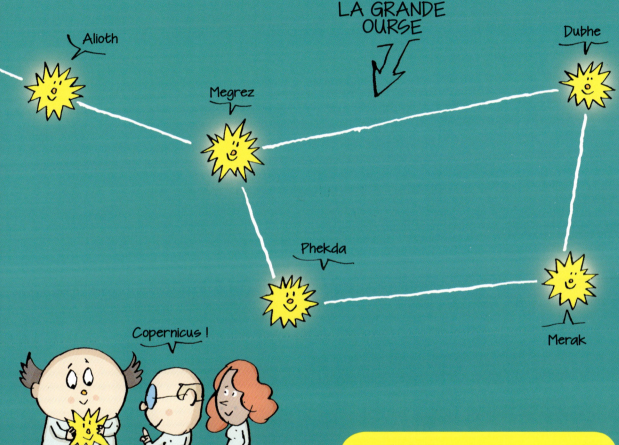

Alioth

Megrez

LA GRANDE OURSE

Dubhe

Phekda

Merak

Copernicus !

AUJOURD'HUI...

Aujourd'hui, c'est l'Union astronomique internationale (UAI) qui donne leur nom aux étoiles et aux planètes. L'UAI est une association qui regroupe des astronomes du monde entier. Les nouveaux noms des étoiles et des exoplanètes sont variés : Trappist-1, HD 122 653 ou Copernicus...

Le sais-tu ?
Avant les marins, ce sont les caravaniers arabes qui ont appris à retrouver leur chemin dans le désert en regardant la position des étoiles dans le ciel.

EST-CE QU'ON PEUT TOMBER DANS UN TROU NOIR ?

Non, parce qu'un trou noir n'est pas un trou!

Mais si tu passes trop près, tu vas vivre un moment désagréable...

COMMENT SE FORME UN TROU NOIR ?

Imagine une étoile qui s'éteint. Sous l'effet de la gravitation, l'étoile se ratatine, on dit qu'elle s'effondre sur elle-même. Elle prend de moins en moins de place, mais elle est faite de toujours autant de matière, comme un bout de mie de pain que tu écrases entre tes doigts... Si elle était suffisamment grosse au départ, elle devient ce qu'on appelle un trou noir.

Est-ce qu'un trou noir est un cimetière à étoiles ?

ON NE LE VOIT PAS !

Un trou noir est donc un endroit dans l'Univers où la matière est TRÈS dense, c'est-à-dire qu'elle est très tassée. Cette boule de matière déforme l'espace autour d'elle et attire tout ce qui passe à côté : les étoiles, les planètes... et même la lumière! Rien ne peut s'échapper des trous noirs, même pas la lumière : pour cette raison, on ne peut pas les voir.

Le sais-tu ?
Si on ne voit pas les trous noirs, comment sait-on qu'ils existent ? Eh bien on les détecte parce qu'ils perturbent le déplacement des étoiles autour d'eux.

C'est comme le vent : quand tu es derrière la fenêtre, tu ne le sens pas, tu ne le vois pas, mais tu sais qu'il souffle parce que les arbres bougent...

EST-CE QU'UN ASTÉROÏDE POURRAIT DÉTRUIRE LA TERRE ?

Oui, mais on ne le laissera pas faire !

Même pas peur !

UNE QUESTION DE TAILLE

Des milliards d'astéroïdes tournent dans le Système solaire. Ce sont des blocs de roche et de glace. Quand des objets de moins de 5 mètres de large pénètrent dans l'atmosphère de la Terre, ils explosent en altitude et ne créent pas de dégâts. Mais un objet de quelques centaines de mètres ravagerait une région entière. Et un astéroïde de 5 kilomètres de diamètre pourrait faire disparaître l'humanité ! Mais on le verrait venir de loin et on pourrait agir avant qu'il ne s'approche de notre planète...

LES ASTRONOMES S'ENTRAÎNENT

Les astronomes américains vont tenter de dévier un astéroïde de son chemin, en envoyant un vaisseau automatique s'écraser à sa surface. Ça aura le même effet que quand tu shootes dans un ballon ! Cette mission d'entraînement devrait se dérouler en 2022, pour vérifier que cette technique peut marcher avant de devoir faire face à un danger réel.

LA MORT DES DINOSAURES

Les dinosaures ont disparu (à part ceux qui sont devenus les oiseaux) il y a 66 millions d'années, en même temps qu'une grande partie des espèces végétales et animales. C'est un astéroïde de 10 kilomètres de large qui est responsable. L'impact a soulevé une épaisse couche de poussières et de cendres qui a masqué le Soleil pendant plus de deux ans...

Le sais-tu ?

En 1908, une météorite a détruit la forêt de Sibérie dans un rayon de 20 kilomètres. Elle a explosé avant d'atteindre le sol ; l'explosion a été entendue à 1500 kilomètres de là !

COMMENT EST-CE QU'ON SAIT TOUT CE QU'ON SAIT SUR L'UNIVERS ?

Tout ce que je sais, c'est qu'on ne sait pas tout...

C'est tant mieux! Ça laisse des choses à découvrir!

LE LANGAGE DE L'UNIVERS

Pour étudier l'Univers, les scientifiques ont appris à déchiffrer son langage : la lumière! Il existe des lumières plus ou moins fortes, on les appelle « les ondes électromagnétiques ». Nos yeux ne les perçoivent pas toutes, il a fallu inventer des télescopes spéciaux pour les voir. Grâce à elles, les astronomes peuvent savoir de quelle matière est constituée une étoile lointaine, ou à quelle vitesse elle s'éloigne de nous...

DE LA LUMIÈRE VISIBLE...

La lumière a plus ou moins d'énergie, ce qui lui donne sa couleur : violet, bleu, vert, jaune, orange, rouge... Les premiers astronomes ont observé les étoiles et les planètes grâce à la lumière visible, d'abord à l'œil nu, puis avec des télescopes.

La lumière est représentée sous forme de vagues qui ont différentes longueurs d'onde....

RAYON GAMMA

RAYON X

ULTRAVIOLET

LUMIÈRE VISIB

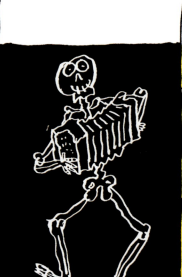

... ET DES ONDES « INVISIBLES »

Quand la lumière perd de la force, elle devient une onde infrarouge, invisible à tes yeux, puis une onde radio. Si au contraire la lumière a beaucoup d'énergie, on parle d'une onde ultra-violette, invisible elle aussi, ou de rayons X et de rayons gamma qui sont capables de traverser le corps humain : on s'en sert dans les hôpitaux pour faire des radiographies.

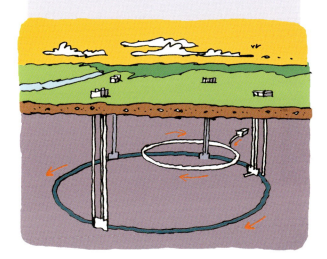

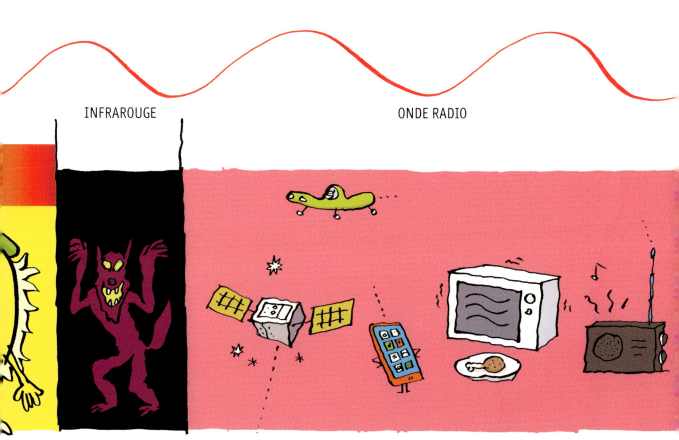

INFRAROUGE

ONDE RADIO

QUELQUES ASTRONOMES

ÉRATOSTHÈNE
(vers -276/vers -194) **Grec**

Il a été le premier à calculer la taille de la Terre.

CLAUDIUS PTOLÉMÉE
(vers 90/vers 168) **Grec**

Pour lui, la Terre était au centre du monde. La Lune, le Soleil, les planètes et les étoiles tournaient autour. Les étoiles étaient accrochées à une sphère qui marquait la limite de l'Univers.

NICOLAS COPERNIC
(1473/1543) **Polonais**

Il pensait que c'était le Soleil qui était au centre du monde, et que la Terre et les planètes tournaient autour.

TYCHO BRAHÉ
(1546/1601) **Danois**

Aidé par le roi du Danemark, il a fait construire Uraniborg, un très grand observatoire. Il a établi un catalogue de près de 800 étoiles.

CÉLÈBRES

GALILÉE
(1564/1642) **Italien**

Il a été le premier à utiliser une lunette pour observer le ciel : il a découvert les montagnes sur la Lune et les satellites de Jupiter...

JOHANNES KEPLER
(1571/1630) **Allemand**

En s'aidant des calculs de Tycho Brahé, il a découvert les lois qui régissent le mouvement des planètes. Celles-ci ne tournent pas en rond, mais suivent une sorte de chemin ovale qu'on appelle une ellipse.

ISAAC NEWTON
(1642/1727) **Anglais**

Il a inventé le télescope, un instrument d'optique plus puissant que les lunettes astronomiques. Il a établi la loi de la gravitation universelle.

ALBERT EINSTEIN
(1879/1955) **Allemand**

Il a élaboré la théorie de la relativité générale qui est encore aujourd'hui la meilleure description de l'Univers.

EDWIN HUBBLE
(1889/1953) **Américain**

Il a découvert que les galaxies s'éloignent les unes des autres, ce qui a amené à la théorie du *big bang*.

EST-CE QU'IL Y A DES OCÉANS SUR D'AUTRES PLANÈTES QUE LA TERRE ?

Oui! Des océans super profonds!

Les scientifiques se demandent même s'ils ne sont pas habités...

LA TERRE A PEU D'EAU

Dans notre Système solaire, la Terre est la seule vraie planète à porter des océans. Ils couvrent presque les trois quarts de sa surface, pour cette raison on surnomme la Terre « la planète bleue ». Mais plusieurs satellites de Jupiter et de Saturne possèdent des océans beaucoup plus grands !

Le sais-tu ?

Si la Terre était une boule lisse, elle serait recouverte d'une couche d'eau de 2,7 kilomètres de profondeur. C'est beaucoup si on veut descendre au fond, c'est peu comparé aux autres océans du Système solaire.

LES PLUS GRANDS OCÉANS

Ganymède et Titan sont des satellites de Jupiter et de Saturne. Tous deux sont environ 15 fois plus petits que notre Terre: Titan possède 15 fois plus d'eau que la Terre, et Ganymède 30 fois! Comme Ganymède et Titan sont très loin du Soleil, leurs océans sont cachés sous une couche de glace qui peut être épaisse de plusieurs dizaines de kilomètres !

Si ça, c'est la Terre...

... alors cette bille représente toute l'eau qui se trouve dessus.

Et là ce sont d'autres astres du Système solaire, avec toute l'eau qui se trouve dessus. Impressionnant, non ?

astres

eau

100 KILOMÈTRES DE PROFONDEUR !

Sur Ganymède, un immense océan d'eau salée abrite peut-être des formes de vie. Les astronomes pensent qu'il fait 100 kilomètres de profondeur ! En comparaison, l'endroit le plus profond sur Terre se trouve dans l'océan Pacifique, à moins de 11 kilomètres de profondeur.

Incroyable !

La sonde Cassini a pris des photos de geysers en train de jaillir à la surface d'Encelade, un petit satellite de Saturne. S'il y a des geysers, cela veut dire que sous la glace se trouve de l'eau liquide...

UNE CHANCE DE TROUVER DE LA VIE...

L'océan d'Europe, un autre satellite de Jupiter, fait probablement aussi une centaine de kilomètres de profondeur. Recouverte par une banquise, cette eau contient sans doute des éléments chimiques assez proches de ceux des océans terrestres... Pour étudier ces océans, les scientifiques devront envoyer des sondes capables de percer des kilomètres de glace.

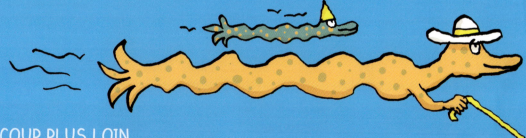

ET BEAUCOUP PLUS LOIN...

Hors de notre Système solaire, les astronomes ont découvert la planète Proxima Centauri b. Un petit peu plus grande que la Terre, elle tourne autour de l'étoile Proxima du Centaure. Elle est à la bonne distance de son étoile : il n'y fait ni trop chaud ni trop froid, et il est probable que sa surface accueille un immense océan qui n'est pas couvert de glace ! Elle pourrait bien abriter la vie. Dans notre Galaxie, des milliers de planètes lointaines portent sûrement des mers et des océans. On se prend à rêver aux étranges créatures qui nagent peut-être dans leurs vagues...

LE CIEL TEL QU'ON

La traînée blanche au milieu des étoiles, qu'est-ce que c'est ?

C'est la Voie lactée, notre Galaxie !

LE CIEL TOURNE !

Ou plutôt, la Terre tourne sur elle-même, et nous avons l'impression de voir les étoiles se déplacer. Alors, selon la saison, le jour et l'heure, on ne voit pas la même chose ! On regroupe les étoiles dans des constellations, qui portent des noms d'animaux, d'objets ou de personnages légendaires. Tu les trouveras sur cette carte.

Astuces

Pour bien observer les étoiles, choisis une nuit sans lune. Et éloigne-toi des lumières des rues et des maisons. Au début, tu ne verras que les étoiles les plus brillantes ; laisse tes yeux s'habituer à l'obscurité pendant au moins 8 minutes.

Cette carte te montre les étoiles et les constellations que tu peux observer depuis la France et l'hémisphère Nord. Mais tu ne les verras pas toutes en même temps…

LE VOIT À L'ŒIL NU

LES CONSTELLATIONS LES PLUS VISIBLES :

Toute l'année, tu peux facilement reconnaître Cassiopée et sa forme de M ou de W, et la Grande Ourse en forme de casserole.

Pile au milieu entre Cassiopée et la Grande Ourse, tu trouveras une étoile isolée : la célèbre Étoile polaire. Elle est au-dessus du pôle Nord de la Terre. C'est comme si le ciel tournait autour d'elle.

La Grande Ourse

La Petite Ourse

l'Étoile polaire

Cassiopée

En hiver, la région d'Orion est très reconnaissable au-dessus de l'horizon sud. À partir d'Orion, tu trouves facilement le Taureau, et le Cocher avec la Chèvre et ses trois petits chevreaux.

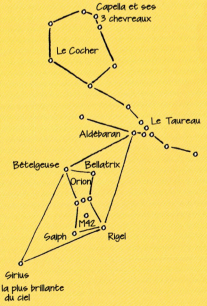

Capella et ses 3 chevreaux

Le Cocher

Le Taureau

Aldébaran

Bételgeuse

Bellatrix

Orion

M42

Saiph

Rigel

Sirius
(l'étoile la plus brillante
du ciel)

Capricorne

Poisson austral

Dauphin

Petit Cheval

Altaïr

Verseau

Flèche

Cygne

Pégase

Dèneb

Sculpteur

Lézard

Céphée

M31

Poissons

...oile ...aire

Andromède

Triangle

Cassiopée

Baleine

Girafe

Bélier

Persée

Pléiades

Fourneau

Cocher

Taureau

Aldébaran

Éridan

Orion

...aux

Bételgeuse

M42

Sirius

Lièvre

Colombe

INDEX

DANS LA MÊME COLLECTION

En librairie
14,90 €
Dès 7 ans

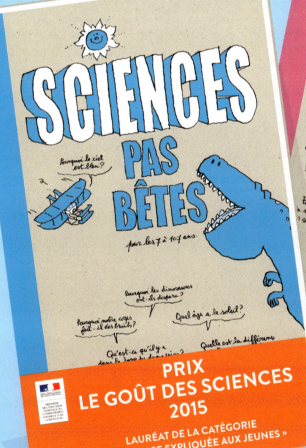

PRIX
LE GOÛT DES SCIENCES
2015

LAURÉAT DE LA CATÉGORIE
« LA SCIENCE EXPLIQUÉE AUX JEUNES »

MESSIEURS,
UN PEU DE TENUE !
LES ENFANTS
NOUS REGARDENT !

bayard